LA SENSIBILIDAD DEL PENSAMIENTO LABORAL.

M.Sc. JUAN CARLOS URUETA URUETA

Agosto, 2020

Barranquilla – Colombia.

Doy gracias:

A DIOS, por ungir mi mente con su santo espíritu, ofreciéndome sabiduría y entendimiento necesario para escribir y publicar este libro. También por guiar mi camino, inspirándome a actuar con buen juicio y recto corazón.

A mi ESPOSA y a mi MADRE, por darme a conocer el grado en el que mi filosofía de vida, les ha impactado.

A los empresarios y trabajadores de las compañías, con las cuales he tenido la maravillosa oportunidad de laborar.

A todos mis clientes, lectores y alumnos, por su receptividad y disposición.

Dedicado a:

Dios, por guardarnos de la pandemia actual y por darnos más de lo que, realmente, necesitamos para vivir.

A todos mis maestros, de quienes mucho he aprendido, cosa que hoy agradezco y valoro en demasía.

A Luisa María, Juan Ángel y Sara Sofía por el inmenso amor que a diario me demuestran.

A mi empleada Leodellys Simanca Barrios, por tantos años de servicio invertidos en atender y preservar lo más valioso que Dios ha otorgado a mi vida.

CONTENIDO

INTRODUCCIÓN.

La sensibilidad de un actor inmerso en el mundo empresarial, es una cualidad sutil que ineludiblemente determina su nivel éxito. Es importante tener la capacidad de ubicarse en la realidad, considerando todo lo que sucede en el entorno. No obstante, esencial es adaptar lo que yace en el interior de esa persona, para que logre influir en un medio cambiante, habitualmente estricto y lleno de dificultades.

El concepto de agregación de valor no puede ser subjetivo, hace parte de, por lo menos, un pensamiento capaz de convertirse en decisión, una decisión que osó transformarse en acción y una acción que se consolidó dentro una realidad que hoy retroalimenta a quien sin saberlo y, a veces sin esperarlo, se ha convertido en su gestor.

El oro es un metal precioso comúnmente apetecido, admirado y deseado por el hombre. Es usual escuchar la sempiterna frase que lo califica como algo de mucho valor que se refina exponiéndose a altas temperaturas. También, regularmente se escuchan expresiones como "pensamientos y experiencias de oro", que nada tienen que ver con calor y, sin embargo, afloran y se purifican en otro tipo de condiciones extremas.

Amigo lector, este libro es fruto del impacto de la obra "pequeños pensamientos del mundo empresarial", es una respuesta formal y trazable con el noble deseo humano de saber más y aprender mejor. Seguramente, habrá cosas que sólo lograrás asimilar cuando éstas suelan acaecer en tu vida, pero cierto es que leer estas líneas, puede contribuirte a afrontar de manera magistral la complejidad y los retos, cada vez mayores, del mundo de los negocios.

PRÓLOGO.

Cada día de mi vida, allegan a ella cosas valiosas que recortan y esconden esos episodios que me han lastimado y cuyas huellas han dejado consecuencias en mi manera de pensar y actuar, tales como prevenciones, temores e incluso hasta sofismas de distracción. Es inusual, que el prólogo del nuevo libro de un autor que cada vez adquiere más reconocimientos, lo escriba, precisamente, su madre. A eso me refiero cuando afirmo que aún después de mis 72 años, puedo enriquecer mi existencia con hacer algo sorpresivo, que seguro más de un padre quisiera hacer y que probablemente pocos hijos le habrán pedido.

La plenitud debería ser un estilo de vida, pero en mi realidad ha tenido fases críticas que han nacido y han muerto con cada evolución personal. Nunca imaginé que el fruto de mis entrañas pudiera entregarle a la humanidad, tanto saber. Recuerdo con cariño la época en la que era indefenso y su imaginación se salía de contexto con la dura realidad. Sin duda, hoy veo un hombre capaz de dominar su entorno, de guiar hábilmente a mis nietos por los senderos correctos, de dirigir a sus trabajadores con paciencia, humildad y criterio, de mitigar los riesgos sociales y de hacerme sentir cada vez más orgullosa, al igual que a su difunto padre que donde quiera que esté, debe sentir una inmejorable plenitud por el trabajo bien hecho.

A todos sus lectores, quiero expresar que si en algún momento comparo mi paso por la vida con la actividad de una empresa como la que tienes, deseas o como aquella en la que hoy trabajas, el mayor equilibrio ha estado en momentos cuando mi único hijo varón me enseñó que debía alejar de mi mente monstruos que nunca existieron, que debía dejar que mis retoños fueran responsables de su propio destino y que la oración a Dios no es lo único, sino lo más grande que en mi vejez puedo hacer por ellos. Si sus palabras te resultan de gran utilidad, además de la satisfacción que hoy me embarga, sentiré que indirectamente he logrado ayudarte. Que la paz y el amor esté siempre con ustedes.

GLORIA URUETA DE URUETA.

CALIDAD DE SERVICIO.

1. Procura ser ágil en escuchar y pausado en el hablar, ya que, tu fábrica de pensamientos debe tener el mejor control de calidad, para que tus propias actuaciones, ágiles o pausadas, te lleven al éxito.

2. Aquellas personas que se caracterizan por tener una gran iniciativa, suelen ser trabajadores que se destacan por agregar un valor inmensurable.

3. Quien lee obras literarias en su tiempo de descanso estimula la imaginación, quien aprende un arte en su tiempo libre estimula la creatividad, quien conversa de forma personalizada con sus seres más cercanos en su tiempo de descanso estimula la sinergia y quien es capaz de convocar a su círculo afectivo en su tiempo autónomo estimula el trabajo en equipo.

4. Cuando se tienen objetivos y metas claros, la disciplina es capaz de doblegar, rebasar y acallar el talento. El rigor que

imprimes cuando haces lo que amas y, a la vez, amas lo que haces, nunca te hará perder el horizonte.

5. El respeto es la punta del iceberg de las herramientas usadas en la gestión empresarial. Entre más se pone en práctica, más afilada se torna, mejor es el resultado y más grande es su dominio.

6. Fácil y efímero es el resultado cimentado en la falsedad. Difícil y perenne es el resultado basado en la veracidad

7. Si eres de los que cumples todo aquello que prometes, seguramente te has rodeado de personas que nunca prometen, pero que siempre cumplen.

8. Algunas veces, un trabajador excelente desiste de alcanzar un propósito en particular, aunque haya intentado incansablemente convencer a un superior escéptico. Inexplicablemente, también algunas veces, tiempo después de lo ocurrido, se sabe que el superior escéptico estuvo a punto de ceder, un segundo antes de que el trabajador excelente se diera por vencido.

9. Olvídate de todo lo que no agregue valor en tu vida, recordando siempre todo lo que te dio valor para llegar

hasta donde has llegado. Sólo así serás justo contigo y también con los demás.

10. Si te pasas todo el tiempo pensando en que te van a despedir, nunca lograrás vencer el temor de estar al límite del abismo y siempre permanecerás cerca de él.

11. El trabajo bien hecho, si es lúcido y transparente, resplandeciente se verá por más oscuro que se torne el día.

12. Sólo hay algo más nocivo que decir mentiras y mucho peor que ponerlas en práctica. Eso es creérselas uno mismo.

13. Decir lo que alguien quiere escuchar estando en desacuerdo, es igual que renunciar a lo que quieres, hablando de forma diferente a lo que realmente piensas.

14. Mucho habla de sí mismo, aquel que poco o nada sabe. Poco o nada habla de sí mismo, aquel que sabe verdaderamente.

15. Cuando la ira logre vulnerar tus principios, debes retractarte rápidamente ante los ojos de aquellos que lentamente los están asimilando.

16. Cuando te hagan una propuesta laboral, interésate primero en conocer el contexto y tener claro objetivos y metas. Sólo así podrás hablar de dinero con quien, seguramente, ya ha pensado hasta cuánto va a ofrecerte.

17. No confíes en aquel que te dice siempre lo que esperas escuchar, atrévete a aceptar a aquel que te dice lo que nunca has esperado oír.

MEJORAMIENTO DE PROCESOS.

18. Si lo piensas quizá lo dices, si lo dices muy probablemente lo haces y si lo haces estás obligado a volverlo a pensar. He aquí un algoritmo de mejora continua.

19. Cuando el crecimiento de una compañía sea exponencial, gestionar sus riesgos debe ser prioridad. Para satisfacer la demanda del mercado, la administración debe poner en marcha múltiples estrategias sincronizadas, promover nuevas competencias en el talento humano e incrementar la curva de conocimiento, en especial, a nivel estratégico.

20. Cuando un negocio experimenta cambios drásticos que le dan un giro inesperado y que conllevan incluso a modificar la estrategia, técnicamente, estamos hablando de otro negocio.

21. Muchas empresas prósperas han fracasado por no haber manejado adecuadamente las políticas de intereses, tanto

en sus empleados como en sus accionistas. Entonces he allí un símil con el dilema de la gallina y el huevo: ¿De quién es la culpa?

22. Toda optimización se fundamenta en un modelo matemático y todo optimista se basa en una teoría filosófica.

23. En una relación de dependencia laboral es mayor la responsabilidad del jefe que la del subordinado. Así mismo debe ser la contribución al logro, quien más capaz es, sabrá hacer buen uso de sus facultades y de las que trae consigo su equipo de trabajo.

24. Dirigir es liderar con la capacidad de dividir el todo en tantas partes como sea posible, ordenar estructuralmente cada una de ellas, pulir sus superficies de contacto y unirlas con solidez, hasta alcanzar esa templanza que resiste las más grandes tormentas.

25. Cuando algo sale bien, se humilde y reflexiona como hacerlo mejor. Si algo sale mal, busca a alguien humilde que te ayude a reflexionar sobre lo que debes hacer para que salga bien.

26. Siempre que un trabajador te pida incremento de salario, exígele que te explique muy bien los objetivos y resultados que ha logrado. Si eso te satisface, no olvides preguntarle qué otros objetivos y resultados se comprometerá a lograr.

27. No creas que quien piensa diferente a ti es un obstáculo a vencer, muchas veces puede ser, justamente, una parte importante del resultado que anhelas.

28. Sólo es mejor quien se supera así mismo, sin condicionar lo que piensen los demás.

29. Si quieres competir con el mejor, compite contigo mismo. Sólo así sabrás que los records, siempre se pueden batir cuando nunca te das por vencido.

30. Si estás formando a alguien para que pueda ser mejor que tú, si compartes tu conocimiento para que alguien logre saber más que tú, si estás dispuesto a renunciar a algo que haces bien para que alguien lo haga mejor, te has convertido en un líder sin tacha.

31. Si eres de los que todos los días se propone lograr cosas que siempre ha deseado, nunca dejes de pensar que este puede ser el único día para que tus deseos se hagan realidad.

32. Lo único verdaderamente capaz de cambiar un resultado, es el trabajo que logres hacer. Si el resultado coincide con la expectativa, el trabajo fue bien hecho.

33. Cuando persigues un sueño, los sacrificios dejan de tener esa tediosa connotación, para convertirse en aquella metodología que te permitirá lograr el objetivo.

INTELIGENCIA COMPETITIVA.

34. Nunca subestimes a un trabajador que tenga aspiraciones. Apóyalo adecuadamente, para que cuando logre alcanzar sus metas, tú nunca seas subestimado.

35. Muchas veces las ideas innovadoras nacen en mentes brillantes, pero carentes de reconocimiento. Por eso, muchas veces ocurre, que mentes comunes se apropian de estas ideas, hasta lograr convertirlas en grandes realidades.

36. Mejor es el resultado que se obtiene pidiendo favores que suenen como música en los oídos, que impartiendo órdenes que suenen como taladro en hormigón.

37. Contar con trabajadores satisfechos, puede ser una gran fortaleza. Tener trabajadores insatisfechos, siempre será una debilidad.

38. El éxito acompaña más a personas comunes y corrientes que muestran audacia frente a la adversidad, que a personas capaces y entendidas que ocultan su miedo al fracaso.

39. Cuando has sido expuesto a dificultades extremas, es porque no había otro mejor que tú para eso. Serán los pilares de tu vida los que te sostendrán erguido. Nadie llegará en tu auxilio y, probablemente, otros se ganarán los méritos, cuando estés a punto de vencer.

40. Hay épocas en las que tu continuidad laboral está determinada por los resultados. También existen otras épocas en las que tu nivel de aporte, la creatividad y la iniciativa, te hacen intocable. Finalmente, hay muchas otras épocas en las que debes resistir y mantenerte firme ante la adversidad. Lo único común que demandan de ti esas tres épocas tan diferenciadas, es tu estable espíritu de liderazgo.

41. Si te tomas un descanso, después de haber estado sometido a presiones extremas, ocúpate gestionando dinámicamente las áreas más sensibles de tu vida. De esta

forma te sentirás útil y productivo, mientras renuevas tus fuerzas y potencializas tus capacidades.

42. Si en los espacios de esparcimiento no paras de hablar de trabajo, tienes la primera alerta de que algo no está bien. Si te desvelas por un problema o por mera ansiedad inherente al trabajo, tienes la segunda alerta de que algo no está bien. Si en tu tiempo de descanso quienes te rodean te juzgan por ser irritable e intolerante, tienes la tercera alerta de que algo no está bien. Si te sientes incómodo, después de haber leído estas tres alertas, entonces debes aceptar que algo no estás haciendo bien.

43. Nadie se imagina cuán débil puede ser el más fuerte, porque siempre fuerte es cuando junto a un débil está.

44. Cada persona llega hasta donde cree que es capaz de llegar. No hay mayor responsable del éxito o del fracaso, que tú mismo.

45. Enseñar con el ejemplo, es la mayor habilidad de cualquier maestro. Si eres el mejor ejemplo de aquello que enseñas, todo lo que pienses, hagas o digas tendrá sentido.

46. Cuando creas que tienes poder, trata de que tus decisiones sean lógicas y altruistas, ya que, el poder es finito e impersonal.

47. La oportunidad hace grande al que es valiente, mientras que, la amenaza hace pequeño al que es cobarde.

48. Solo hay algo peor que acostumbrarse a recibir malos tratos en el trabajo y, precisamente es, acostumbrarse a darlos.

49. Trata de que cada obstáculo que se te presenta en la vida se enfrente con, al menos, dos grandes motivaciones que te permitan rebasarlo.

50. Cuando más lejos quieras llegar, más humilde debes ser. Mantenerse en la cima, es más fácil, cuando yacen menos personas que quieren hacerte caer.

51. Una vida laboral exitosa se compone de momentos en los que hay que saber acelerar al máximo para cumplir un mapa de pequeñas metas. También, se compone de momentos en los que hay que aprender a quedarse quieto, para restablecer el orden.

52. Las tradiciones no son malas, malas son las personas que no logran adaptar las tradiciones al cambio.

53. Si criticas a aquel que cree saberlo todo, debes saber, que creer sólo en ti mismo, te convertirá en el blanco de las críticas.

54. Cuando sientas que tienes poder, piensa mucho en aquellos que sin tenerlo, corren más riesgos que tú.

55. En la guerra, la inteligencia va delante de la fuerza. En el mundo empresarial, la estrategia va delante de la inversión.

56. Si quieres obtener algo, debes vivir soñando que lo lograrás. Sólo así lograrás vivir lo que hoy estás soñando.

57. Es fácil acceder a lo que te gusta y renunciar a lo que no te gusta. No tan fácil es, a lo que te gusta renunciar. Pero nada fácil es acceder a lo que no te gusta. La vida empresarial siempre te ofrecerá una dosis única y

personal, de cada uno de los escenarios antes mencionados.

58. En la vida laboral, los valores se superponen a la inteligencia, la inteligencia se superpone a la paciencia y la paciencia se superpone al talento. Entonces, ¿por qué muchas veces sólo nos enfocamos en el talento?

59. Nunca dejes que te digan que no puedes. El esfuerzo siempre es el camino más expedito y seguro para alcanzar el éxito.

60. Nunca esperes que alguien te motive, aprende a hacerlo tú mismo. La fama y el dinero no siempre motiva a quien lo posee. Transformar el querer en poder, es consecuencia de la automotivación.

61. Cuando llegues a la cúspide de tu carrera, nunca olvides que lo que te llevó a alcanzarla, fue tu capacidad de hacer las cosas bien. Sólo de esa forma lograrás mandar bien, para que tus subordinados hagan las cosas mejor de lo que tú lo harías.

62. Las presiones laborales son el mecanismo de defensa de aquellas personas que no han aprendido a ser capaces de soportarlas.

63. Existen trabajadores tan mentirosos, que les es imposible tolerar que sus subordinados o pares les mientan.

64. La conciencia, siempre es el mayor aliado de un trabajador. Cuando ésta se pierde, inconscientemente tus adeptos comenzarán a seguirte por que les toca y no porque les inspire.

65. Si alguien menosprecia tus ideas y tu creatividad, enfócate en mostrar aquello que verdaderamente aprecias, para que esa ideación y esa creatividad te coloquen donde quieras estar.

66. La desesperación te lleva a ser parte del problema y no de la solución. Es aquella restricción que inhibe tus sentidos y desdibuja tus actuaciones. Cuando estés desesperado, es tiempo de reencontrarte y abstenerte de con otros encontrarte.

67. Si nunca dejas de soñar, algún día aprenderás a saber qué debes hacer para siempre estar despierto.

68. La riqueza es el verdadero balance de vida. Valoriza las áreas más sensibles de ella: bienestar, espiritualidad, desarrollo y afectividad. Quizá el resultado te demuestre que tienes más de lo que realmente esperas tener.

EPÍLOGO

Si bien pedir guayabas a un árbol de mango, resulta ser en apariencia algo ilógico, en el campo laboral de un investigador, especialista en injertos experimentales de especies frutales, podría tener sentido. Afortunadamente, el autor me solicitó escribir sobre este libro y no hablar en público de sus conceptos, porque allí, verdaderamente que estaría en apuros.

Después de leerlo una y otra vez, quisiera que alguien se animara a hacer algo similar en temas como cuidado del paciente crítico, hospitalización pediátrica y atención domiciliaria, entre otras áreas inherentes a la ciencia médica y a mi disciplina como enfermera. Hay momentos en los que yo me he sentido atendida como si estuviera convaleciente o impedida por una afección indeterminada, mientras el autor de esta obra, quien a su vez es mi esposo desde hacer 13 años y padre de mis 3 hijos, resuelve con suma ecuanimidad, destreza y sabiduría, problemas que para mí sería todo un caos resolver. También me asombra ver como no logra sentir angustia frente a varias situaciones, en las que mis padres hubiesen perdido la cabeza en mi época de infancia.

En el contexto de la parte más compleja de su mundo, el ambiente laboral, lo he visto evolucionar y adquirir una mayor madurez día tras día. Casi que he vivido con él etapas que lo han puesto muchas veces en jaque y otras que le han traído inmensas satisfacciones. Cuando leía pensamiento por pensamiento, por mi mente se filtraban tantos recuerdos, que pienso que más que un libro capaz de guiar a las personas que se enfrentan a las vicisitudes típicas del capitalismo, es un manual de vida que ilustra, de forma clara, la manera más aproximada a la correcta, para proceder buscando satisfacer una necesidad, resolver un problema o alcanzar una meta.

Quién tiene la audacia de escribir, más que interactuar sabiamente con su público, se obliga a ser un ejemplo de lo que predica, para Dios, para sí mismo y para sus seres más amados. Por tal razón, me complace expresar que en el seno de mi hogar hoy existe plenitud, desarrollo y confianza, sentimientos que de forma integrada hacen que una organización, cualquiera que fuera, alcance y mantenga su nivel de éxito. Lo mejor de la vida, sea para todos ustedes, hoy, mañana y siempre.

DAMARIS GUZMÁN SILVA.

Pequeños Pensamientos del Mundo Empresarial

Teléfonos y WhatsApp:

(57) 3216842848 – (57) 3003700487

E-Mail

juancarlosurueta@hotmail.com

LikedIn

https://www.linkedin.com/in/juan-carlos-urueta-urueta-b975821a3

Web Site:

www.e-belli.com